—

Achilléide

Œuvre inachevée

Œuvres de Goethe, tome V
trad. nouv. par Jacques Porchat
Hachette, Paris, 1861-1863

© 2022 Culturea Editions
Illustration de couverture : © domaine public
Edition : Culturea, le patrimoine des lettres (Hérault, 34)
Contact : infos@culturea.fr
Retrouvez notre catalogue sur http://culturea.fr
Imprimé en Allemagne par Books on Demand
In de Tarpen 42, Norderstedt
Design typographique : Derek Murphy
Layout : Reedsy (https://reedsy.com/)
ISBN : 9791041940523
Dépôt légal : Décembre 2022

Le puissant brasier jetait encore une fois de hautes flammes, qu'il poussait vers le ciel, et les murs d'Ilion paraissaient rouges, à travers la nuit sombre ; l'amas énorme du bois entassé, venant à s'écrouler, produisit un dernier embrasement : les ossements d'Hector s'affaissèrent, et le plus illustre des Troyens n'était plus qu'une cendre éparse sur le sol.

Alors Achille se leva de son siège devant sa tente, où il passait, à veiller, les heures de la nuit. Il contemplait les jeux effrayants de la flamme lointaine et le mouvement de la lueur changeante, sans quitter des yeux la citadelle rougeâtre de Pergame. Il sentait encore, dans le fond de son cœur, la haine du mort qui avait frappé son ami, et qui maintenant descendait dans la sépulture.

Mais, lorsque la fureur du feu dévorant se fut apaisée par degrés, et qu'en même temps la déesse aux doigts de roses embellit la mer et le rivage, en sorte que les flammes horribles pâlirent, l'héroïque fils de Pélée, saisi d'une émotion douce et profonde, se tourna vers Antiloque, et lui dit ces graves paroles :

« Ainsi viendra le jour, où des ruines d'Ilion s'élèveront bientôt la fumée et la flamme, poussées par les vents de Thrace ; elles obscurciront la longue cime de l'Ida et le sommet de Gargare. Mais je ne les verrai pas. L'aurore vigilante m'a trouvé recueillant les os de Patrocle ; elle trouve les frères d'Hector occupés à lui rendre ce pieux office : et toi aussi, mon fidèle Antiloque, elle te verra bientôt donner en gémissant la sépulture aux légers restes de ton ami. S'il en doit être ainsi, comme les dieux me l'ont déclaré, soit !... Occupons-nous de ce qui reste encore à faire. Il faut que, réuni avec mon ami Patrocle, je sois honoré d'un tertre majestueux, élevé sur le rivage de la mer, monument pour les peuples et les âges futurs. Déjà les robustes Myrmidons ont creusé diligemment un fossé alentour ; ils ont rejeté la terre en dedans, traçant comme un rempart protecteur contre les attaques de l'ennemi. Ils ont ainsi formé avec ardeur une enceinte au grand espace ; mais je veux voir le travail avancer. Je fais appeler promptement les troupes qui sont encore disposées à entasser la terre sur la terre. Peut-être ferai-je ainsi exécuter la moitié de l'ouvrage : à vous de l'achever, lorsque bientôt l'urne m'aura recueilli. »

Ainsi dit-il, et il se mit en marche ; il parcourut les tentes à la file, faisant signe à celui-ci, à celui-là, et appelant les autres ensemble. Aussitôt ils se levèrent tous et prirent les outils pesants, la pelle et la pioche, avec joie, en sorte que l'airain retentissait ; ils prirent aussi le pieu robuste, le levier à remuer les pierres. Et ils se mirent en marche, et sortirent du camp à flots pressés, montant la pente douce du sentier, et la multitude se hâtait en silence. Comme l'élite de l'armée, équipée de nuit pour une surprise, s'avance sans bruit, la troupe chemine d'un pied léger, chacun mesure ses pas, chacun retient son haleine, pour pénétrer dans la ville ennemie mal gardée : ainsi s'avançaient les Myrmidons, et l'ardeur silencieuse de tous les guerriers honorait ce grave ministère et l'affliction de leur chef.

Mais, aussitôt qu'ils furent parvenus sur le dos de la colline battue des flots, et que la vaste mer se déploya devant eux, l'aurore jeta sur eux un gracieux regard des vapeurs lointaines du matin sacré, et versa le rafraîchissement dans le cœur de chacun. Tous s'élancèrent soudain vers le fossé, ardents au travail. Ils divisèrent en glèbes le sol longtemps foulé. Ils le jetaient devant eux avec la pelle, ou bien ils le portaient en haut avec des corbeilles. On voyait les uns remplir de terre leur casque et leur bouclier ; aux autres, le bord du vêtement tenait lieu de vase.

Alors les Heures ouvrirent avec fracas les portes du ciel, et le fougueux attelage de Phébus s'éleva hennissant. Soudain le dieu éclaira vivement les pieux Éthiopiens, qui habitent les lieux les plus reculés de la terre. Bientôt, secouant sa chevelure enflammée, il s'éleva des forêts de l'Ida, pour éclairer les Troyens affligés et les vaillants Achéens.

Cependant les Heures, s'élançant dans l'éther, atteignirent la divine demeure du fils de Saturne, qu'elles saluent éternellement. Elles entrèrent, et Vulcain, s'approchant à la hâte, d'un pas boiteux, vint au-devant d'elles et leur adressa ces paroles pressantes :

« Divinités trompeuses, promptes pour les heureux, lentes pour l'impatience, écoutez-moi : docile à la volonté de mon père, j'ai bâti cette salle, selon le mode divin du plus beau chant des Muses ; je n'ai épargné ni l'or, ni l'argent, ni l'airain, ni le métal blanc, et, tel que je l'ai achevé, l'ouvrage subsiste encore entier, sans être altéré par le temps. Car ici la rouille ne l'attaque point, et la poussière, compagne du voyageur terrestre, ne saurait l'atteindre. J'ai fait tout ce que peut faire l'art créateur. Le toit sublime de l'édifice repose inébranlable, et le pavé poli invite le pied à la marche. Chaque dieu est suivi de son trône, qui obéit à ses ordres, comme le chien suit le chasseur ; j'ai fait aussi des enfants d'or qui marchent, et soutiennent le fils de Saturne, à son arrivée, comme je me suis fait aussi une vierge d'airain. Mais tout cela est sans vie. À vous seules il est donné, aux Grâces et à vous seules, de répandre sur la figure morte les attraits de la vie. À l'œuvre donc ! n'épargnez rien, et, de la corne aux parfums, de la corne sacrée, versez alentour un charme divin, afin que je m'applaudisse de mon ouvrage, et que les dieux, ravis, me célèbrent toujours comme autrefois. »

Et les déesses légères sourirent doucement ; elles firent un gracieux signe de tête au vieillard, et, d'une main prodigue, versèrent alentour la vie et la lumière, tellement que nul mortel ne l'aurait pu soutenir, et que les dieux furent enchantés.

Vulcain s'avançait donc à la hâte vers le seuil, l'esprit tendu vers le travail, car le travail seul animait son cœur. Junon le rencontra, accompagnée de Minerve, qui conversait avec elle. Et, lorsqu'elle aperçut son fils, la divine Junon l'arrêta soudain et lui dit :

« Mon fils, tu perdras bientôt le renom, qui te flatte, de fabriquer, en épuisant toutes les ressources de l'art, des armes qui défendent les hommes contre la mort, comme telle ou telle déesse t'en fait la prière : car le jour est proche où l'illustre fils de Pélée tombera, jeune encore, dans la poussière, marquant les limites de la destinée mortelle. Ni ton casque ne le protégera, ni la cuirasse, ni le vaste bouclier, quand les sombres déesses de la mort l'atteindront. »

Mais l'industrieux Vulcain répondit :

« Pourquoi te railler de moi, ô ma mère, parce que j'ai montré à Thétis de l'empressement, et que j'ai fabriqué ces armes ? Un pareil ouvrage ne sortirait pas de l'enclume des hommes mortels ; un dieu même ne les forgerait pas avec mes outils, moulées sur le corps, soulevant le héros comme des ailes, impénétrables, magnifiques, admirables à l'œil étonné. Car ce qu'un dieu dispense aux hommes est un don béni, et non comme le présent d'un ennemi, que l'on ne garde que pour sa perte. Et Patrocle serait certainement revenu heureux et vainqueur, si Phébus ne lui avait arraché le casque de la tête, et n'avait ouvert sa cuirasse, en sorte que le guerrier désarmé succomba. Mais, s'il en doit être ainsi, et si le destin réclame le mortel, l'arme la plus divine, l'égide même, ne le protégerait pas : c'est pour les dieux seulement qu'elle écarte le jour funèbre. Eh ! que m'importe cela ? Il prépare la guerre, celui qui forge des armes, et il ne doit pas en attendre les sons de la lyre. »

Ainsi dit-il, et il poursuivit sa marche en murmurant : les déesses riaient. Cependant les autres dieux entrèrent dans la salle. Diane vint, déesse matinale, déjà charmée de sa flèche victorieuse, qui lui avait abattu un cerf magnifique aux sources de l'Ida ; Iris vint à son tour avec Hermès, puis l'auguste Latone, éternellement haïe de Junon, semblable à cette déesse, mais d'un caractère plus doux. Phébus la suit, et la divine mère est fière de son fils. Mars, le guerrier, s'avance à grands pas. Il n'est gracieux pour personne et n'est dompté que par la belle Cypris. Bien tard s'avance Aphrodite, la déesse au regard tendre, qui se sépare à regret des amants dans les heures matinales. Avec une lassitude voluptueuse, comme si la nuit ne lui avait pas donné le repos, elle se penchait sur les bras de son trône.

Et une douce lumière éclaira les salles ; un souffle de l'Éther s'élança des espaces lointains, annonçant l'approche du fils de Saturne. Il arriva aussitôt de son palais sublime à l'assemblée, appuyé sur la statue, ouvrage de Vulcain. Il s'avança majestueusement jusqu'à l'admirable trône d'or ; il s'assit, et les autres dieux, debout, s'inclinèrent devant lui et s'assirent chacun à sa place.

Soudain les agiles divinités de la jeunesse, Hébé et les Grâces, échansons empressés, servirent à la ronde l'ambroisie écumante, versant à pleine coupe, sans déborder, le breuvage chéri des immortels. Ganymède ne s'avança que vers le fils de Saturne, avec la douce gravité de la première jeunesse dans son œil enfantin, et le dieu fut charmé. C'est ainsi que tous les immortels goûtaient en silence la suprême félicité.

Mais la divine Thétis parut, la tristesse dans les yeux, Thétis, majestueuse et grande, la fille la plus chérie de Nérée ; et, se tournant aussitôt vers Junon, elle dit ces paroles :

« Déesse, accueille-moi sans détourner la tête ; apprends à être juste. Je le jure par ceux qui habitent le Tartare profond et sont assis autour de Kronos, au delà des flots du Styx, vengeurs tardifs du parjure, je ne suis pas venue pour mettre obstacle à la destinée trop certaine de mon fils et pour éloigner de lui le jour funèbre : non, c'est mon invincible douleur qui me fait monter ici du sein de la mer pourprée, afin de chercher sur les sommets olympiens quelque soulagement à ma cruelle angoisse. Car mon fils ne m'appelle plus : debout sur le rivage, il m'oublie et ne songe avec regret qu'à son ami, qui est descendu avant lui dans la sombre demeure de Pluton, et qu'il lui tarde de suivre chez les ombres. Oui, je ne veux ni le voir ni lui parler. Quel soulagement trouverions-nous à gémir et à déplorer ensemble une fatalité inévitable ? »

Junon se retourna soudain, et, avec un regard terrible, elle adressa, pleine de courroux, à la déesse affligée ces outrageantes paroles :

« Trompeuse, impénétrable, pareille à la mer qui t'a enfantée, je devrais me fier à toi, et même te recevoir d'un regard gracieux, toi qui m'as offensée mille fois, et jadis et récemment encore ; qui as poussé à la mort les plus illustres guerriers, pour flatter l'insensé, l'intolérable caprice de ton fils ? Crois-tu que je ne te connaisse pas et ne me souvienne pas de ce que tu avais entrepris, lorsque le fils de Saturne déjà descendait vers toi dans sa gloire, comme fiancé, me délaissant, moi, son épouse et sa sœur, et que la fille de Nérée, enivrée d'orgueil, espérait être la reine du ciel ? Mais il revint sur ses pas, le dieu, effrayé par la sage parole du Titan, qui lui annonçait que, de cet hyménée exécrable, lui naîtrait le fils le plus dangereux. Prométhée le savait bien ! En effet, de ton mariage avec un mortel, est né un monstre pareil à la Chimère et au dragon qui ravage le monde. Si un dieu l'avait engendré, qui garantirait aux dieux l'espace éthéré ? Comme l'un ravage la terre, l'autre aurait ravagé le ciel. Cependant je ne te vois jamais approcher que le fils de Saturne, prenant un air serein, ne te fasse un signe de tête et ne te caresse la joue, et que ce dieu terrible ne t'accorde tout pour m'offenser. Le désir non satisfait ne s'émousse jamais dans le cœur de l'homme. »

La fille du véridique Nérée lui répondit :

« Cruelle, que signifient ces paroles que tu m'adresses,

comme des flèches de haine ? Tu n'épargnes pas la plus affreuse douleur, la douleur de la mère qui, dans sa détresse, va de tous côtés, pleurant la mort prochaine de son fils. Tu n'as pas éprouvé comme ce chagrin déchire le sein d'une femme mortelle, ainsi que d'une déesse immortelle ; car tu te vois entourée de fils glorieux, engendrés par Jupiter, éternellement jeunes et vigoureux, et tu mets ta joie dans ces augustes enfants. Cependant tu pleuras toi-même, tu te répandis en plaintes douloureuses, le jour où le fils de Saturne, irrité contre toi, lança le fidèle Vulcain dans l'île de Lemnos, et où l'enfant auguste resta gisant, blessé au pied comme un fils de la terre. Alors tes cris appelèrent les nymphes de l'île ombreuse, tu appelas Péon et tu soignas de tes mains la blessure. Aujourd'hui même, l'infirmité de ton fils boiteux t'afflige encore. S'il fait le tour de l'assemblée, empressé, officieux, pour servir aux immortels le précieux breuvage ; s'il porte en chancelant la coupe d'or, veillant avec soin à ne pas répandre le nectar, et qu'un rire sans fin éclate chez les heureux habitants du ciel, toi seule tu te montres toujours sérieuse, et tu prends le parti de ton fils. Et je ne chercherais pas aujourd'hui, auprès de mes amis, l'adoucissement de ma douleur, quand la mort menace mon fils unique et glorieux ? Mon vieux père me l'a trop fidèlement prédit, Nérée, le véridique, le divin explorateur de l'avenir, le jour où vous autres dieux immortels, descendus dans les bois du Pélion, vous célébrâtes ensemble l'hyménée qui me fut imposé, et qui me livra aux embrassements d'un mortel. Dès lors le vieillard m'annonça cet illustre fils, supérieur à son père, car ainsi le voulait le destin ; mais il m'annonça en même temps la fin prématurée de ses tristes jours. Ainsi s'envolèrent pour moi les rapides années, entraînant, d'une marche irrésistible, mon fils vers la porte noire de Pluton. De quoi m'ont servi l'artifice et la ruse ? le feu qui purifie ? les vêtements de femme ? Un immense désir de gloire et les liens de la destinée entraînèrent le héros dans les combats. Ses tristes jours sont écoulés, ils touchent à leur terme. Elle m'est connue, la volonté du destin suprême :

une gloire certaine est à jamais son partage, mais les armes des Parques le menacent, prochaines, inévitables ; le fils de Saturne lui-même ne le sauverait pas. »

Ainsi dit-elle, puis elle s'avança, et alla s'asseoir à côté de Latone, qui, plus que les autres déesses, porte dans le sein un cœur de mère, et, là, elle se repaissait librement de sa douleur.

Alors le fils de Saturne tourna, avec douceur et gravité, sa face divine vers la mère éplorée, et lut adressa ces paroles paternelles :

« Ma fille ; devais-tu faire entendre à mes oreilles les violentes paroles de l'injure, telles qu'un Titan les peut exhaler, dans sa colère, contre les dieux qui règnent sur l'Olympe ? Tu prives toi-même ton fils de la vie par ton désespoir insensé. À la vie demeure toujours unie l'espérance, flatteuse déesse, plus attrayante que bien d'autres, qui traversent, comme fidèles génies, avec les hommes mortels les jours inconstants. L'olympe ne lui est point fermé ; pour elle s'ouvre même la sombre demeure de Pluton, et l'inflexible destinée sourit, quand la belle l'assiège de ses caresses. L'impénétrable nuit ne rendit-elle pas à mon fils victorieux l'épouse d'Admète ? Protésilas n'est-il pas remonté, pressant dans ses bras son épouse en deuil ? Et Proserpine ne fût-elle pas attendrie, lorsqu'elle entendit aux enfers le chant d'Orphée et son invincible langueur ? Ma foudre n'a-t-elle pas dompté le puissant Esculape, assez téméraire pour rappeler les morts à la vie ? Les vivants espèrent même pour les morts : veux-tu désespérer, quand ton fils jouit encore de la lumière ? La borne de la vie n'est pas une barrière immobile : les dieux, les hommes eux-mêmes, font reculer les déesses de la mort. Ne laisse donc pas abattre ton courage. Garde tes lèvres de paroles impies, et ferme ton oreille au sarcasme ennemi. Déjà souvent le malade a enseveli le médecin qui lui avait annoncé une mort prochaine ; revenu à la santé, il a joui de la lumière du soleil. Neptune ne pousse-t-il pas souvent avec violence la quille du vaisseau contre la Syrte fatale, et n'ouvre-t-il pas les flancs du navire ? Aussitôt la rame échappe de la main, et les débris du vaisseau fracassé, saisis par les matelots, sont dispersés par le dieu sur les ondes. Il veut que tous périssent, mais le génie en sauve quelques-uns. Aussi, je le crois, ni les dieux ni la première des déesses ne savent à qui les destins réservent de revenir des champs d'Ilion dans sa patrie. »

À ces mots, Jupiter se tut, et la divine Junon, s'arrachant soudain de son siège, se leva, telle qu'une montagne se lève sur la mer, avec ses hautes cimes illuminées par les foudres du ciel. Et fière et courroucée, elle dit, l'incomparable, l'auguste déesse :

« Dieu terrible, à la volonté inconstante, que signifient ces paroles trompeuses ? As-tu parlé peut-être pour me provoquer ? pour te réjouir de ma colère, et me préparer un affront en présence des immortels ? J'ai peine à croire que tu aies sérieusement médité ces paroles. Ilion tombera, tu l'as juré toi-même, et tous les signes du destin nous l'annoncent : il faut donc aussi qu'il succombe, cet Achille, le plus vaillant des Grecs, le digne favori des dieux. Celui qui se rencontre sur la voie du destin, dont la course terrible s'avance vers le but suprême, tombe dans la poussière, est foulé sous les pieds des chevaux, écrasé par la roue de bronze du char sacré. Aussi je ne m'arrête point aux doutes que tu as élevés, pour calmer peut-être celle qui s'abandonne mollement à ses douleurs. Mais voici ce que je veux te dire, et garde ces paroles dans ton cœur. L'arbitraire est à jamais odieux aux immortels et aux hommes, quand il se montre dans les actions, et même quand il se manifeste dans les paroles seulement : car, si puissant que nous soyons, de tous les dieux immortels, Thémis est la plus immortelle ; elle doit subsister et dominer encore, lorsqu'un jour ton empire, si tard que ce puisse être, succombera sous la force supérieure, la force longtemps enchaînée des Titans. »

Le fils de Saturne répondit avec calme et sérénité :

« Tu parles sagement, tu n'agis pas de même, car c'est

toujours une chose mauvaise, sur la terre comme dans le ciel, que l'associé du souverain se range parmi ses adversaires, soit dans les actes soit dans les paroles. La parole est le héraut des actions qui s'approchent. Voici donc l'avis que je te donne : s'il te plaît, déesse inquiète, de partager aujourd'hui même l'empire de Kronos et de régner là-bas, descends résolument, pour attendre le jour des Titans, qui, je le pense, est encore éloigné de la lumière éthérée. Mais, vous autres dieux, je vous le déclare, la destruction ne menace pas encore irrésistiblement les murailles de Troie. Courage donc ! Qui défend la ville défend Achille en même temps. Aux autres est réservé, ce me semble, un douloureux ouvrage, s'ils font périr le plus vaillant guerrier des Hellènes, qu'ils favorisent. »

À ces mots, Jupiter se leva de son trône, et se rendit dans ses appartements. Et, quittant leurs sièges, Latone et Thétis se retirèrent dans le fond des galeries, cherchant le triste plaisir d'un entretien solitaire, et aucun dieu ne les suivit. Alors l'auguste Junon, se tournant du côté de Mars, lui dit ces mots :

« Mon fils, quelle est maintenant ta pensée, à toi dont le caprice indompté favorise celui-ci et celui-là, et fait tourner tantôt pour l'un, tantôt pour l'autre, la fortune changeante des armes redoutables ? Jamais le but n'occupe ta pensée, où qu'il soit fixé ; tu ne vois que la force soudaine et la fureur et la détresse immense. Aussi, je le pense, bientôt tu seras au milieu des Troyens ; tu combattras Achille lui-même, qui approche enfin du terme fatal, et qui n'est pas indigne de tomber sous les mains des dieux. »

Mars répondit avec noblesse et respect :

« Ma mère, ne me donne pas un ordre pareil, car il ne siérait pas à un dieu de l'accomplir. Les hommes mortels peuvent s'égorger les uns les autres, selon que les pousse le désir de la victoire : mon office est de leur faire quitter la lointaine et paisible demeure où ils coulent sans contrainte d'heureux jours, travaillant sans relâche pour obtenir les dons de Cérès nourricière. Mais je les excite, Ossa marchant sur mes traces. Le tumulte des batailles lointaines retentit à leurs oreilles ; déjà la tempête du combat gronde autour d'eux, et réveille dans les âmes une ardeur immense ; rien ne les retient plus ; ils s'avancent, altérés de sang, dans la vaillante mêlée, désireux de braver la mort. Je vais donc appeler Memnon, fils de l'aimable Aurore et les peuples éthiopiens et la nation des Amazones, à qui les hommes sont odieux. »

Ainsi dit-il, et il s'éloignait ; mais la belle Cypris le retint au passage, arrêta son œil sur le sien, et lui dit avec un délicieux sourire :

« Barbare, tu cours, dans ta fureur, appeler les derniers peuples de la terre aux combats qui se livrent dans ces lieux pour une femme. Va, je ne t'arrête pas. Car la plus belle des femmes est un plus digne prix du combat que la possession des richesses. Toutefois ne soulève pas, je te prie, les peuples éthiopiens, qui offrent si souvent aux dieux les plus pieuses fêtes, nation vertueuse et pure, à laquelle je dispensai les plus beaux dons, les joies éternelles de l'amour et des enfants sans nombre. Mais je te loue, si tu entraînes dans la lutte mortelle les bandes viriles des farouches Amazones ; car elles me sont odieuses, ces barbares, qui fuient le doux commerce des hommes, ces hardies guerrières, dépourvues de toutes les grâces séduisantes, la parure des femmes. »

Elle dit, puis elle suivit du regard le dieu qui s'éloignait à grands pas ; mais elle détourna vivement les yeux, pour observer la marche de Phébus, qui descendait de l'Olympe vers la terre fleurie, et traversa la mer, en évitant toutes les îles, pour gagner promptement la vallée de Thymbré, où il avait un temple auguste et sévère, que les peuples de Troie entouraient en foule, tandis que subsistait encore la paix, durant laquelle chacun désire les fêtes. Mais alors il était vide, sans fêtes et sans jeux. Cypris, la déesse habile et sage, observait Phébus, et méditait de se présenter à lui, car elle roule divers projets dans son cœur. Cependant l'austère Pallas dit à Junon :

« Déesse, ne sois pas irritée contre moi : je vais descendre et marcher aux côtés de celui que la destinée atteindra bientôt. Une si belle vie ne mérite pas de finir dans le découragement. Je te l'avoue volontiers : parmi tous les héros des âges passés, comme du temps présent, Achille me fut toujours cher. Je me serais même livrée à son amour et à ses embrassements, si les travaux de Cypris pouvaient convenir à la vierge née du cerveau de Jupiter : mais, tout comme il entourait son ami d'une vive tendresse, je le chéris lui-même ; et, comme il pleure Patrocle, lorsqu'il succombera, moi, déesse, je pleurerai ce mortel. Ah ! faut-il que cette belle figure soit si promptement enlevée à la terre, qui se complaît partout dans ce qui est vulgaire ! Faut-il que ce beau corps, ce magnifique édifice de vie, soit livré à la flamme dévorante et réduit en poussière ! que le noble adolescent ne puisse devenir un homme ! Un prince est si nécessaire au monde ! Que la jeune fureur, le désir sauvage de la destruction, se change enfin en intelligence puissante, créatrice, qui détermine la règle selon laquelle les peuples devront se conduire ! L'homme accompli ne ressemble plus à Mars l'impétueux, qui ne se plait que dans les combats homicides ; non, il ressemble à Jupiter lui-même, duquel découle la prospérité. Il ne renverse plus les villes, il les bâtit ; il conduit sur le rivage lointain la population surabondante ; les côtes et les syrtes foisonnent de peuples nouveaux, qui cherchent avidement l'espace et la nourriture. Mais lui, il se bâtit son tombeau. Je ne puis, je ne dois pas ramener mon favori de la porte de Pluton, dont il s'approche, dont il cherche déjà l'entrée pour suivre son ami, et dont l'ouverture, si près qu'elle soit de l'engloutir, lui est encore voilée par une ténébreuse obscurité. »

Ainsi dit-elle, puis elle jeta dans l'espace éthéré un regard terrible. Ce regard est pour un dieu ce que sont les pleurs pour un homme. Junon répondit, en posant la main sur l'épaule de son amie :

« Ma fille, je partage avec toi les douleurs qui te

saisissent ; car nous pensons de même en beaucoup de choses, et particulièrement en ceci, que j'évite les embrassements de l'homme et que tu les détestes. Mais nous honorons d'autant plus celui qui en est digne. Beaucoup de femmes désirent un homme voluptueux, comme le blond Anchise ou même Endymion, dont elles veulent seulement partager la couche. Courage donc, noble fille de Jupiter, descends vers le fils de Pelée, et remplis son sein d'une vie divine, afin qu'il soit aujourd'hui le plus heureux des mortels, en songeant à sa gloire future, et que la main de l'heure lui verse les trésors de l'éternité. »

Pallas se hâta de chausser les belles sandales d'or, qui la portent à travers les espaces du ciel et par-dessus la mer ; elle partit et traversa les plaines éthérées, puis l'air inférieur, et descendit, d'un vol rapide, sur la montagne, aux sources du Scamandre, vers le tombeau d'Ésyétès, qui se voit de loin. Ses regards ne se portèrent point d'abord sur la forteresse de la ville, sur la plaine tranquille, qui s'étend vers la plage sablonneuse, entre les belles rives du Xanthe sacré, intarissable, et le lit rocailleux, large, desséché du Simoïs ; ses yeux ne parcoururent point les lignes des navires et des tentes ; elle n'observa point le mouvement du camp animé par le travail : la déesse se tourna du côté de la mer ; elle ne vit que la colline de Sigée ; elle vit le vaillant fils de Pélée, dirigeant ses laborieux Myrmidons.

Ils sont pareils à la troupe mobile des fourmis, quand le pied rapide du chasseur a détruit leurs ouvrages au fond de la forêt, renversant leur édifice, élevé avec tant de soin et de persévérance ; soudain l'innombrable société, dispersée en mille bataillons, s'agite çà et là, et chaque troupe se remue, chacun saisissant l'objet le plus proche, et marchant avec effort vers le centre, vers le vieil édifice de la montagne percée en labyrinthe : ainsi les Myrmidons entassaient la terre sur la terre, élevant du dehors en cercle le rempart, qui grandissait à vue d'œil, dans le contour fixé.

Mais Achille était au fond du cratère, entouré de la masse croulante, qui montait autour de lui en monument. La déesse s'approcha par derrière : elle avait pris la figure d'Antiloque, non pas entièrement, car elle paraissait plus imposante. Bientôt, s'étant retourné, le fils de Pélée aperçut avec joie son ami ; il alla au-devant de lui, et dit, en lui prenant la main :

« Ami, viens-tu aussi accélérer la sérieuse entreprise que l'ardeur de ces jeunes hommes avance de plus en plus vers son terme ? Vois comme le rempart s'élève alentour, et comme se pressent déjà vers le centre les terres qui roulent et rétrécissent le cercle. Cet ouvrage, la multitude peut l'accomplir, mais c'est toi que je charge de construire au milieu l'abri protecteur de l'urne. Ici j'ai mis à part deux dalles énormes, que nous avons trouvées en creusant. Sans doute Neptune, qui ébranle la terre, les a détachées de la haute montagne et les a lancées ici, au bord de la mer, les couvrant de terre et de gravier. Ces dalles, toutes prêtes, dresse-les, et, les appuyant l'une contre l'autre, bâtis la tente solide. Que là-dessous l'urne subsiste, secrètement gardée, jusqu'à la fin des jours. Ensuite remplis de terre le vide de l'espace profond, toujours plus avant, jusqu'à ce que le tertre achevé, s'appuyant sur lui-même, devienne un monument pour les peuples à venir. »

Ainsi dit-il, et la fille de Jupiter, Minerve, aux yeux bleus, lui pressa de nouveau les mains, ces mains terribles, dont le guerrier même le plus brave ne s'approche pas volontiers dans le combat. Elle les presse, les presse encore, avec une force amicale et divine, et prononce ces douces et réjouissantes paroles :

« Ami, ce que tu commandes, le dernier des tiens l'accomplira quelque jour ; que ce soit Antiloque ou que ce soit un autre, qui le sait ? Mais ne tardons pas à monter, sortons de cet espace étroit, et faisons le tour de la haute croupe du rempart. Là-haut se montrent la mer et la terre et les îles lointaines. »

En disant ces mots, elle stimula son cœur, et, le conduisant par la main, elle le fit monter légèrement ; et ils cheminaient tous deux sur le bord élevé du tertre qui grandissait sans cesse.

Mais la déesse, ayant tourné vers la mer ses yeux étincelants, prononça, pour l'éprouver, ces paroles amicales :

« Quelles sont ces voiles nombreuses, qui, venant à la file, s'efforcent d'avancer vers le rivage, déployées sur une vaste ligne ? Elles n'approcheront pas sitôt, je le crois, de la terre sacrée, car le vent d'orient souffle contre elles du rivage.

— Si mes yeux ne m'abusent pas, repartit le grand Achille, si je ne suis pas trompé par la forme de ces vaisseaux peints, ce sont les audacieux Phéniciens, désireux de richesses diverses. Ils amènent des îles la nourriture bienvenue à l'armée des Achéens, qui dès longtemps manquaient de subsistances ; ils amènent du vin, du blé et des troupeaux de bétail mugissant. Ils doivent aborder, je crois, et restaurer les troupes, avant que la bataille prochaine les appelle, rafraîchies et fortifiées.

— Certes, reprit la déesse aux yeux bleus, il ne s'est pas trompé, l'homme qui a mis tous les siens en mouvement pour construire cette éminence, afin d'observer à l'avenir dans la haute mer les navires qui s'approchent, ou d'allumer un feu, signal nocturne pour les pilotes. Car ici se découvre aux regards une immense étendue, qui n'est jamais déserte : le vaisseau vient au-devant des vaisseaux ou vogue à leur suite. En vérité, un homme qui viendra du fleuve Océan, et qui amènera dans son profond navire l'or pur du Phase lointain, qu'il désire échanger, afin de parcourir la mer, verrait toujours ce monument, quelle que fût la direction de sa course. S'il naviguait, à travers les ondes salées du large Hellespont, vers le berceau de Jupiter et vers le fleuve Égyptus, désireux de voir la Syrte tritonienne, peut-être aussi de saluer, au bout de la terre, les chevaux du soleil au terme de leur course, puis de revenir à la maison, richement chargé de marchandises recueillies sur maints rivages : cet homme le verrait aussi bien à son départ qu'à son retour. Jusque dans ces lieux reculés où la nuit ne quitte pas la terre sacrée, attristée de l'ombre éternelle, demeure aussi, je pense, maint homme résolu, ami des aventures, qui se hasarde en pleine mer : dirigeant sa course vers la joyeuse lumière, il arrive en ces lieux, il montre de loin la colline à ses compagnons, et il demande ce que signifie ce monument. »

Le fils de Pélée répondit, avec un regard joyeux :

« Tu parles sagement, ô fils du plus sage père. Tu ne considères pas seulement ce qui frappe aujourd'hui tes yeux, mais tu contemples l'avenir, et tu es comparable aux devins sacrés. Je t'écoute volontiers ; tes gracieux discours éveillent dans mon sein une joie nouvelle, qui me manque depuis longtemps. Oui, plus d'un navigateur sillonnera les flots d'azur, contemplera le magnifique monument, et dira aux rameurs : « Là est enseveli celui qui ne fut pas le moins vaillant des Achéens auxquels la rigueur des Parques a fermé le chemin du retour ; car ils ne furent pas en petit nombre, ceux qui élevèrent cette colline. »

— Non, il ne parlera pas ainsi, répliqua vivement la déesse. « Voyez, dira-t-il avec ravissement, en contemplant de loin le sommet, voilà le magnifique tombeau de l'unique, du grand Achille, que la volonté des Parques a sitôt ravi à la terre. » Car je te l'annonce, prophète véridique, à qui les dieux dévoilent soudainement l'avenir, depuis le fleuve Océan, d'où Phébus amène ses chevaux, les conduisant par le sommet du ciel, jusqu'aux lieux où il descend le soir ; oui, aussi loin que s'étendent le jour et la nuit, se répandra ta glorieuse renommée, et tous les peuples honoreront ton excellent choix d'une vie courte et glorieuse. Tu as pris la part la meilleure. Celui qui a quitté la terre étant jeune, vivra jeune toujours dans le royaume de Proserpine, sera toujours jeune pour les descendants, toujours regretté. Que mon père, le blanc Nestor, vienne à mourir : qui le plaindra ? Les yeux même de son fils verseront à peine quelques douces larmes. Sa course entièrement achevée, il reposera, le calme vieillard, admirable modèle des hommes ; mais le jeune homme qui succombe excite des regrets infinis chez tous les descendants, et il meurt de nouveau pour tout homme qui désire voir les exploits couronnés par les exploits. »

Achille, approuvant ces discours, lui répondit sur-le-champ :

« Oui, les hommes estiment tellement la vie, comme un joyau sacré, qu'ils honorent par-dessus tous celui qui le méprise fièrement. Bien des vertus résident dans la sublime, l'intelligente sagesse, ou dans la foi, le devoir, l'amour, qui embrasse toutes choses : mais aucune n'est aussi honorée des hommes que la ferme volonté qui, au lieu de céder à la mort, appelle courageusement au combat la puissance même des Parques. Il paraîtra aussi vénérable aux races futures, celui qui, pressé par la honte ou le malheur, a tourné lui-même résolument contre son corps délicat la pointe d'airain. La gloire est forcée de le suivre ; il reçoit des mains du désespoir la magnifique couronne de l'impérissable victoire. »

Ainsi dit-il, et Minerve lui répondit :

« Tu as bien parlé, car c'est là ce qui arrive aux hommes. Le plus chétif est exalté par le mépris des dangers mortels. Un écuyer se tient noblement dans la bataille à côté du roi. La gloire même de l'épouse se répand sur la terre. Elle est toujours célébrée parmi les héros, la reine, l'épouse au cœur paisible, qui se dévoua pour son Admète. Mais nul ne peut espérer un sort plus grand, plus glorieux, que celui qui, sans conteste, est le premier dans la lutte des guerriers innombrables, d'origine achéenne ou Phrygiens indigènes, qui se livrent sur ce bord des combats infinis. Mnémosyne et ses augustes filles oublieront plutôt ces combats, ces premières luttes divines, qui y affermirent l'empire de Jupiter, pour lesquelles la terre, la mer et le ciel s'émurent et s'enflammèrent ; on oubliera l'audace des Argonautes, et la terre cessera de songer à la force d'Hercule, avant que ces campagnes et ce rivage cessent de publier la lutte de dix ans et ses glorieux exploits. Et, dans cette illustre guerre, qui soulève toute la Grèce, et qui a fait traverser la mer à ses vaillants guerriers, comme elle a appelé au combat les derniers barbares, alliés des Troyens, ce fut ta destinée d'être toujours nommé le premier, comme chef des peuples. Désormais, où que se rassemble le cercle des hommes paisibles, et qu'ils prêtent l'oreille au chanteur, étant abordés dans un port tranquille ; se reposant, sur la pierre taillée, du travail de la rame et de la lutte terrible avec les flots indomptables ; ou bien, dans la fête sacrée, couchés autour du temple magnifique de Jupiter olympien ou de Phébus, qui frappe de loin, quand le prix glorieux est décerné aux heureux vainqueurs, ton nom coulera toujours le premier des lèvres du chanteur, après qu'il aura d'abord célébré la louange du dieu. Tu élèveras le cœur de chacun, comme si tu étais présent, et la gloire de tous les braves s'évanouira pour se concentrer sur toi seul. »

Achille, avec un regard sérieux, répondit vivement :

« Ton langage est loyal et bon, et d'un jeune homme sage. Oui, l'homme est charmé de voir la foule se presser en son honneur, pendant sa vie, avide de le contempler ; et il aime aussi à songer au divin poète, qui tressera avec son nom la couronne du chant ; mais il trouve plus de charme encore à jouir des sentiments fraternels de nobles guerriers, soit dans la vie, soit aussi dans la mort. Je n'ai jamais goûté sur la terre de plus délicieux plaisirs que le soir, après la bataille et la violente fatigue, lorsque Ajax, fils de Télamon, me serrait la main, en se réjouissant de la victoire et des ennemis terrassés, Certes, il faudrait que le partage de l'homme fût de passer dans la joie cette courte vie, assis du matin au soir dans la salle du festin, savourant une abondante nourriture, avec le vin salutaire, qui triomphe des soucis, tandis que le chanteur célébrerait le passé et l'avenir. Mais un sort si doux ne lui fut pas dispensé, le jour ou Jupiter se courrouça contre le sage Prométhée, et où Vulcain fit pour le roi l'image de

Pandore : alors fut résolue l'inévitable souffrance pour tous les hommes mortels qui jamais habiteront la terre, auxquels Phébus ne luit que pour de trompeuses espérances, les abusant même par son éclat céleste et ses rayons bienfaisants. Car la source de querelles infinies, ruine de la plus paisible maison, coule par une pente naturelle dans le sein de l'homme : c'est l'envie, l'ambition, le désir de posséder sans partage les terres au loin dispersées et les troupeaux et la femme, qui, lui paraissant divine, apporte dans la maison de funestes malheurs. Et quand se repose-t-il de ses fatigues et de ses violents efforts, l'homme qui traverse les mers dans le profond navire qui, suivant les pas du bœuf robuste, trace sur la terre l'industrieux sillon ? Partout les dangers le menacent, et la Fortune, la plus vieille des Parques, agite le sol de la terre aussi bien que la mer. Écoute donc cette parole : que le plus heureux se tienne toujours équipé pour le combat, et que chacun soit, comme le guerrier, toujours prêt à quitter la lumière du soleil. »

Là-dessus la déesse Minerve répondit en souriant :

« Écartons maintenant toutes ces pensées. Les discours, même les plus sages, des hommes nés de la terre ne résolvent pas l'énigme de l'impénétrable avenir. C'est pourquoi il vaut mieux que je songe au but pour lequel je suis venue, savoir si tu ne veux point me donner l'ordre de te procurer d'abord, et aux tiens aussi, les aliments nécessaires. »

Le grand Achille répondit avec une douce gravité :

« Plus sage que moi, tu me rappelles avec raison ce dont j'ai besoin. À la vérité, ni la faim ni la soif ni aucun autre désir terrestre ne me provoquent à passer des heures dans la joie ; mais ces hommes, ces ouvriers fidèles, ne trouvent pas dans la fatigue même le soulagement de la fatigue. Si je fais appel aux forces des miens, je dois les soutenir avec les dons de Cérès, qui dispense toute nourriture. Ainsi donc hâte-toi de descendre, mon ami, et envoie du pain et du vin en abondance, afin que nous avancions l'ouvrage ;

et, ce soir, vous sentirez, à votre approche, les fumées appétissantes de la chair des bestiaux que l'on vient d'égorger. »

Il parlait ainsi en élevant la voix : les siens entendirent ces paroles, et ils souriaient l'un à l'autre, oubliant la sueur du travail. Mais la divine Pallas descendit en effleurant la terre, et aussitôt elle atteignit les tentes des Myrmidons, qui gardaient fidèlement, au pied de la colline, la droite du camp. C'était le poste assigné au grand Achille. Soudain la déesse stimula les hommes sans cesse prévoyants, qui, gardant en abondance le froment doré, sont toujours prêts à le fournir aux guerriers. Elle les apostropha, et leur tint ce langage impérieux :

« À l'œuvre ! Que tardez-vous de porter sur la colline aux travailleurs fatigués le pain et le vin, nourriture bienvenue ! Aujourd'hui ils ne sont pas assis auprès de leurs tentes, livrés ensemble à de joyeux entretiens, attisant le feu, pour apprêter le repas du jour. Levez-vous, paresseux, et procurez sur le champ à ces hommes laborieux ce que leur estomac réclame ; car trop souvent vous réduisez pour les combattants le juste salaire de la nourriture promise. Mais sans doute vous éprouverez un jour la colère du chef, qui n'a pas amené pour l'amour de vous ses guerriers sur ce bord. »

Ainsi dit-elle, et ces gens obéirent avec empressement, le cœur outré de dépit ; ils tirèrent des magasins les vivres en abondance, et en chargèrent les mulets.